超訳

ブッダの言葉

BUDDHA'S VOICE REINTERPRETED
IN MODERN WORDS

エッセンシャル版

小池 龍之介 編訳

Discover
ディスカヴァー

序文

本書では、ブッダ自身が生きて古代インドで活躍していたころの語録を直弟子たちが暗記・暗唱して伝えられてきたとされる古い経典たちから、高校生からそのおじいさまおばあさま世代まで、どなたにもわかりやすそうなもののうち、筆者自身が気に入っているフレーズを選定して「超訳」を施しました。さらに口調も、できるだけ広い年代の方にお読みいただけるよう、わかりやすさを心がけました。

これらの語録にはもちろん聞き手がいます。ブッダの従者でもあった阿難をはじめ、さまざまな人々との対話集成でもあるのです。

ですから本当は「アーナンダよ」とか「アトゥラよ」「サーリプッタよ」「キサーゴータミーよ」などと、ブッダが直弟子に語りかけていることも多くあります。けれども、読者にとって「アーナンダさんのことは、私とは関係のない他人事だな」となってしまわないようにと、すべて「君よ」と二人称の呼びかけに統一させていただきました。あたかもブッダと対話をするかのような雰囲気が生まれてくれることを意図した次第です。

ブッダのフレーズ選定にあたりましては、古い経典群のうち特に短いフレーズの宝庫、『小部経典（クッダカ・ニカーヤ）』所収の『法句経（ダンマパダ）』と『経集（スッタニパータ）』を中心にしつつ、『中部経典（マッジマ・ニカーヤ）』『長部経典（ディーガー・ニカーヤ）』『相応部経典（サンユッタ・ニカーヤ）』『増支部経典（アングッタラ・ニカーヤ）』などの比較的に長い経典からも選びました。

これらの言葉のほとんどは、ブッダが直弟子の出家修行者に説いていた内容です。それもあって、そのままでは私たち日本に住むふつうの現代人には手厳しすぎたり、感覚がかみ合わないものも多数見受けられます。

そのギャップを埋め合わせてうまくかみ合わせるためにも、フレーズの核心を保存しつつも大胆に言葉を省いたり、あるいは反対に筆者なりの発想を付け足したり、あるいは置きかえたりしたものもたくさんあります。結果として、ものによっては一見したところ原形をとどめないほどの「超訳」になっているものもあることをお断りしておきます。

その超訳にあたっては、古代インド・マガダ国の方言であったと思われるパーリ語という原語を参照しつつ、主として英語版ならびに、昭和初期に我が国で全訳された『南伝大蔵経』、それから岩波文庫所収の中村元氏訳などの助けを借りつつ作業にあたりました。

構成につきまして申しますと、私の好みで選んだ全項目を大まかに十二種類のテーマに分類して、一章から十二章まで章立てをつくり並べました。おおよそ、前半の章ほどごく日常的な心模様とひき比べて読めるような、ライトなものを配したつもりでおります。

人心かき乱れて苛立ちの多い現代の世相にあって、幸福感を一瞬にして破壊する毒素たる「怒り」を静めてくれる言葉たちを、最初の章に置いてみました。必ずしも一章から読む必要はありませんけれども、そこでは「怒り」の毒を洗い流す清流に浴していただけることでしょう。

裏を返しますと、後半に読み進めていただきますほどに、一般的な世界観や人間観に対してギギギーッと常識を逆なでするような内容へと入ってゆくように計っております。

とは申しましても、常識（という名の洗脳）がよい具合に逆なでされて力を弱めることは、心の垢が取り払われて清々しい心持ちになりゆくプロセスともなることでしょう。


ブッダ。本名をゴータマ・シッダールタ。シャカ族の王子として生まれたことから釈迦とも釈尊とも呼ばれた人が、あくまでひとりの人間として、死ぬまでの間に残した言葉。

他方では、ここに超訳した『経集（スッタニパータ）』などの古い経典の中にもすでに、ブッダをむやみに神格化したり、あまりに偉大な「教祖」に祭りあげるような紋切り型の表現が何度も出てまいります。

そういった表現は「仏教」という組織集団をつくり権威づけするための操作としてのちの弟子たちによって「偽造」されたものと見なして本書では取り上げなかったり、削り落としてあります。

「けっして私に依存することなく、君自身の感覚をよりどころにするように」と弟子たちに説きつづけたブッダに対して誠実であろうとするなら、大切なことはかれを祭りあげることではなく、ひとえに私たちがかれのメッセージをどう使いこなせるか、ということに尽きるでしょう。崇拝する相手でも依存の対象でもなく、単に二千五百年前に生きて死んだ、ひとりの教師の言葉として。

「ブッダに会えばブッダを殺せ」とは、臨済禅師の言葉です。ブッダを崇拝したくなるような己の弱さを殺せ、ということでしょう。

ギラギラと太陽が照りつける苛酷な環境のインド。ブッダが活躍したその国では、厳しい環境のもと、古代から、数学や化学の研究が発展したり、きわめて合理的な思考が育ったものでした。

強い日差しのもと、カラッとした思考が生まれていた土壌に、ブッダのすこぶる合理的かつ心理学的アプローチも生まれた、と申すこともできるかもしれません。
それに比べて私たち日本人はいきおい、センチメンタルでじとっとした情感にとらわれるのを好みがちで、その気質はうっかりアレコレ思い悩んでしまう元凶ともなりましょう。この日本的な湿気こそ、古代インドの智慧の太陽によって、カラッと焼き尽くしてしまえば、ジメジメした心の湿度が下がって快適な風通しが得られることでしょう。

それではこれから、こころを柔らかく開いて、「ブッダのことば」へと入ってまいりましょう。

小池龍之介

＊本書は２０１２年２月に刊行された『超訳ブッダの言葉』より１６０の言葉を厳選し、文庫エッセンシャル版として再編集いたしました。

CONTENTS

序文

I 怒らない

001 もし誰かにいやな目に遭わされたら
002 もし誰かの怒りを買ってしまったら
003 もし誰かに悪口を言われたら
004 悪口を言われない人はいない
005 怒りの発火
006 怒りの反復《リピート》から抜け出す
007 攻撃には「肩すかし」をもって返す
008 君も相手も、やがては死んでここから消え去る
009 悪口がいけない理由
010 人を苦しめるのがいけない理由
011 君の怒りが傷つけているもの
012 君以外の誰も君を傷つけない
013 「怒り」の連鎖から抜け出す

014 仕返ししない
015 相手の悪《あやまち》ではなく、自分の内側を見よ
016 プライドをすんなり手放す
017 仲間入りをしてはいけない最低《いやしい》の人間　パート1
018 仲間入りをしてはいけない最低《いやしい》の人間　パート2
019 真に強い智慧ある人
020 何が起こっても動揺しない練習
021 心の安全運転者《ドライバー》

II 比べない

022 君が聞かれもしないのに自分についてしゃべるとき
023 君が思い上がりの罠にかからないなら
024 愚か者が何かを成し遂げると
025 「誰々の」を忘れるハピネス
026 他人からの評価による快不快は、しょせん幻
027 快楽の刺激を求めない
028 偉そうにならないように

029 自分の考えにこだわらない
030 たとえ君の意見が認められたとしても
031 生意気さは苦しみを増幅させる
032 軽やかに思考を切り替える
033 比べない
034 勝ち負けにこだわらない
035 論争の誘いに乗らない
036 二つの道

III 求めない

037 欠乏感は増幅する
038 欠乏感は転移する
039 欠乏感の根っこを焼き払う
040 渇愛の根っこを掘り崩す
041 欲しくて欲しくてたまらない相手をつくらない
042 嫌いで嫌いでたまらない相手をつくらない
043 歪んだ愛情という呪縛

044 鉄の鎖よりも強く私たちを縛っているもの
045 渇愛の蜘蛛の巣を断ち切る
046 自分に与えられているものを見る
047 自分に与えられているものに幸せを見る
048 「ある」と「ない」に動じない
049 欲望とは苦なり

IV 業《カルマ》を変える

050 君は、これまで君の心が思ったことの集合体
051 善いことを思ったら、すぐに実行に移す
052 ネガティブなことを思わない
053 悪い業《カルマ》
054 善い業《カルマ》
055 悪い業《カルマ》が熟成するまでの長い時間
056 死してなお怒りの業《カルマ》は
057 悪業の報いを受けるとき
058 最低の人とは

059 悪い業《カルマ》が減らないのは
060 悪い業《カルマ》のエネルギーを軽く見ない
061 善い業《カルマ》のエネルギーを軽く見ない
062 行動と言葉と思考が業《カルマ》になる
063 善い業《カルマ》が熟成するまでの長い時間
064 自業自得
065 傷がない手に毒は侵入できない
066 悪い業《カルマ》を解消する方法
067 ネガティブな行動・言葉・思考が不幸な人生をつくる
068 ポジティブな行動・言葉・思考が幸福な人生をつくる

V 友を選ぶ

069 心の改善を目指す友と出会ったなら
070 心の改善を目指す友と出会えなかったら
071 自分より性格の良い友を持つ
072 友人もどき　パート1
073 友人もどき　パート2

074 友人もどき　パート3
075 友人もどき　パート4
076 いっそのこと、独りぽっちも清々《すがすが》しい
077 実質のない空虚な言葉を吐く人は友ではない
078 借金を踏み倒す人を友としてはいけない
079 君のことを品定めしない人を友とする
080 心の整えられた人同士でともに暮らす
081 友に胸に秘めていたことを言うときは
082 ときには友に疎まれるのもよし
083 君に財宝の在りかを教えてくれる人
084 こういう人といっしょにいよう

VI 幸せ《ハピネス》を知る

085 持ちものに執着しない
086 成果に執着しない
087 食べものに執着しない
088 寝る場所に執着しない

089 我が子に執着しない
090 パートナーに執着しない
091 お金儲けに執着しない
092 身の丈に合った住まいに住む
093 安心していられる
094 じっくりと身につけられた気品が漂う
095 家族を大事にする
096 ケチな自分を乗り越える
097 言葉と行動がコントロールできている
098 調子のいいときも悪いときも、心がぶれない
099 満足する喜び
100 心を鍛える喜び　パート1
101 心を鍛える喜び　パート2
102 いつでもどこにいても何があっても幸福でいられる

VII 自分を知る

103 自分の良くないところは自分では見えにくい

104 自分の内面に目を向ける
105 自由の身へとたどりつく人
106 人の悪口に夢中になる理由
107 娯楽や無駄話に夢中になる理由
108 アルコールを飲んではいけない理由
109 君を苦しめるものは
110 煩悩を焼き尽くす火
111 自分の心の主人たれ
112 心穏やかな日々の理由
113 安易《イージー》な道を選ぶ人
114 困難《ハード》な道を選ぶ人
115 煩悩を焼き尽くす火を燃やせ

VIII

身体《からだ》を見つめる

116 このもろく壊れやすい身体という城
117 これだけしかできない身体という城
118 身体の表面にこだわる愚かしさ

119 身体の内側を体感する
120 身体の現実を見る
121 身体の悪を静める

IX 自由になる

122 信じ込んではいけない10のケース
123 気持ちよさへの依存から、苦しみが生まれる
124 スピリチュアルなものや人に依存しない
125 心、この制御しにくきもの
126 不自由な君自身の心から自由になる
127 快・不快の気分から自由になる
128 知識から自由になる
129 他人の賛否から自由になる
130 快感と苦痛から自由になる

X 慈悲を習う

131 たとえ、君が過去に罪を犯した者であっても

すべての生き物は、死にたくないと思っている 132
他の生き物もまた、自分と同様、
自分を愛しく思っていることを知る 133
こういうもので商売をしてはいけない 134
すべての生き物は、安穏であれ 135
あらゆる生き物に対する慈悲の心を練習すること 136
自分を取り巻くすべてに分け隔てなく、優しい念を送る 137
眠っているとき以外は、つねに慈悲の念を 138

XI 悟る

もう、生まれ変わらない 139
いかなる思想も哲学も捨てる 140
小さな好き嫌いにとらわれただけで 141
「今、この瞬間」に心を専念させる 142
世界はすべて揺れ、移ろいゆく 143
諸行無常《しょぎょうむじょう》 144
諸法無我《しょほうむが》 145

146 一切行苦《いっさいぎょうく》
147 苦しみは聖なる真理
148 怨憎会苦《おんぞうえく》
149 愛別離苦《あいべつりく》
150 求不得苦《ぐふとくく》
151 五蘊盛苦《ごうんじょうく》
152 苦を生み出すカラクリ
153 苦しみを消す聖なる真理

XII 死と向き合う

154 君にもいずれ、死が訪れる
155 君が死んだら
156 死ぬときに持って行ける唯一のもの
157 君よ、私《ブッダ》が死ぬのも自然なこと
158 君もいずれ死ぬ
159 この世に永遠のものなど何ひとつなく
160 遺言

超訳ブッダの言葉

I　怒らない

怒らない

—

001

もし誰かにいやな目に遭わされたら

もし君が敵《ライバル》からいやな目に遭わされて、鬱《うつ》になったり落ちこんだりするのなら、それを見た敵は、「わーい、ざまーみろ」と笑って喜ぶだろう。
ゆえに「真の損得」を知る人は、どんないやな目に遭わされようとも、嘆かず平常心を保つ。前と変わらず穏やかなままの、君の優しい表情を見た敵は「ちぇっ、がっかりだ」と落胆する。
皮肉なことに、敵を悩ませるための最高の「イヤガラセ」は君が怒らず朗らかにしている、たったそれだけのこと。

増支部経典

002

もし誰かの怒りを買ってしまったら

怒っているいやな人に対して「ちえっ、そんなに怒らなくてもいいのに」と、ムカムカ怒りを感じるのなら、君はその怒りによってまさに悪をなしたことになる。

怒っている人に対して怒りを感じずにすませられることこそ、難敵と戦ってなんとか勝利することになる。

他人の怒りを前にしたとき君がいち早く気づくべきは、君自身の心まで怒りに染まりそうになっていること。それに気づいて落ちつくように。

そうすれば、君にとっても相手にとっても、心の治療を施すことになる。

君が相手の怒りをそっと穏やかに受けとめるとき、互いの怒りはやがて静まり、癒されていくだろう。

相応部経典

—

003

もし誰かに悪口を言われたら

もし君が、誰かに悪口を投げられて傷つきそうになったなら、思い起してみるとよい。この悪口っていうやつは、今に始まったことではなく、原始時代からずーっと続くものだということを。

静かに黙っている人は、「ムッツリしている」と悪口を言われ、たくさん話をする人は、「おしゃべりな人ですこと」と非難され、礼節をわきまえてしゃべる人すらも、「何か企んでいるんじゃないかしら」などと悪評を流される。

法句経227

—

004

悪口を言われない人はいない

この世のどんな人でも、必ずどこかで誰かの怒りを買っている。
誰かに悪口を言われるのが当たり前。
昔も今もこの先も、未来永劫、それは当たり前の事実なのだから、
悪口なんて涼しく聞き流すのがよい。

法句経228

怒りの発火

「あの人は私の悪口を言いやがった」
「あの人は私の心を傷つけた」
「あの人は私に黙って抜けがけした」
「あの人は私から利益を奪った」

こんなふうに心の中で怒りを発火させ、いつまでも反復《リピート》しつづけるなら、その恨みはいつまでも静まることなく思い出すたび燃え上がり、君には心安まるときがない。

法句経3

006

怒りの反復《リピート》から抜け出す

「あの人は私を批判した」
「あの人は私の心を踏みにじった」
「あの人は私をコテンパンに負かした」
「あの人は私のアイディアを盗んだ」

こんなふうに怒りを発火させるのをやめ、感情の反復《リピート》から抜け出すなら、その恨みは静かに凪《な》ぎ、君の心はようやく安まる。

法句経4

—

007

攻撃には「肩すかし」をもって返す

他人から攻撃されたとき、君もまた攻撃をもって返すなら、君の中の恨みも相手の中の恨みも静まることなく増幅し合い、無限に連鎖してゆくことになる。

攻撃を受けても「まあ、いっか。恨まないよ」という肩すかしを投げ返すなら、互いの恨みは静まり安まる。

これは、永遠の普遍的真理。

法句経5

—

008

君も相手も、やがては死んでここから消え去る

誰かと敵対して争いが生じそうになったら、しかと意識してみるといい。君も相手もやがては死んで、ここから消え去る、ということを。

君以外の人々は、「自分もやがて死ぬ」という真理をうっかり忘却しているけれども、君がこの真理をはっきり意識していれば、怒りも争いも静まることだろう。

「どのみち、君もやがてここからいなくなる。どのみち、私もやがてここからいなくなる。じゃあ、ま…、いっか」と怒りを捨てて、平静さを取り戻すように。

法句経6

悪口がいけない理由

人はその口によく切れる斧《おの》を持って生まれ、その斧により他人を傷つけるつもりで実は、知らぬうちに自分自身の心をグサッと傷つけている。他人を非難する悪口の斧を君がブンッと振り下ろすたび、まっさきに君の心がこわばって、君の脳内に不快な神経刺激が生まれ、君の内臓に毒素が発生し、君の呼吸には毒ガスが混ざるのだから。

経集657

010

人を苦しめるのがいけない理由

他人に苦しみを与えることで、ストレス解消の快感を得ようとすることが、君にもあるだろう。

たとえば「次はいつ会えるかな」と聞かれて、わざと「さあ、わかんない」と答え、相手が不安になり苦しむ表情を見て優越感という快感を錯覚する。あるいは、仕事相手からの依頼メールを長い間にわたって無視しつづけて相手を困らせ、「いい気味であることよ」という快感を錯覚する。

このように他人を困らせ苦しめることで、快感を得ようとする習慣が身についてしまうと、怒りの業《カルマ》が心に蓄えられて、ネガティブ思考の牢獄に閉じ込められてしまうことだろう。

法句経291

011

君の怒りが傷つけているもの

相手が誰であっても、うっかり怒りにわれを忘れ、攻撃的なことを言わない練習。

そんな言葉を投げつけるなら、報復の爆弾が君に投げ返されるだろう。「あなたの優柔不断なところがイヤなの」などと、相手のいちばん痛いところをチクッと刺すなら、言われた相手に怒りが伝染し、相手もまた君がいちばん言われたくない言葉を返してくる。「あなたこそ自分で決められないクセに」と。

こういった興奮から生じる言葉は、言われるのはもちろん、言うときにも、自分自身の心を傷つけ、身体《からだ》を疲れさせる。

法句経133

—

012

君以外の誰も君を傷つけない

君を嫌っている敵が君に対してする酷《ひど》い仕打ち、
そんなものは大したことじゃない。
君を憎む人が君に対してする執拗な嫌がらせ、
そんなものは大したことじゃない。
怒りに歪んだ君の心は、
それよりもはるかに酷いダメージを君自身に与えるのだから。

法句経42

013

「怒り」の連鎖から抜け出す

「もう嫌だ、本当に許せない」
君の心に怒りがサッと広がったなら、
脳内には神経毒素が放出されて、身体《からだ》中に毒性の異変が広がる。
もし君が毒ヘビに足を咬《か》まれたら、
毒が身体に広がってゆくのと同じ。
あせらず薬草を探してすりこめば、
やがて毒が消えて命びろいのホッとひと息がつける。

心の中にくすぶっている怒りの毒に、
冷静さの薬草をすりこんでことごとく消し去ることこそ
本当の命びろいになる。

怒りを捨て去ったなら君は、
もはや生きる苦しみの連続《メリーゴーランド》から、
優雅かつ軽やかに抜け出すだろう。

そう、まるでヘビが脱皮して、
ぬけがらを捨ててゆくかのごとく。

経集1

014

仕返ししない

心を防御《ガード》するのを忘れていたがゆえに、
耳に痛い言葉をぶつけられてうっかり傷ついてしまったとしても、
トゲのある言葉で言い返すことのないように。

自分の内面をこそ見つめる君にとって、
他人と敵対することなどまったく不必要なことなのだから。

経集932

015

相手の悪《あやまち》ではなく、自分の内側を見よ

他人の「悪《あやまち》」に気づいても、君がイライラする必要はない。

他人がやらかしてしまったこと、他人がすっぽかしてしまったこと、そんなものをジロジロ見なくていい。

そのかわりに視線をクルッと君の内側へと反転させて、じっくり見つめてみるといい。

「自分は何をやらかしてきて、何をすっぽかしてきたのかな」と。

法句経50

—

016

プライドをすんなり手放す

怒りを、ポイッと捨てること。

「俺様は偉い」
「私は賞賛されるに値する」
「私のセンスは抜群だ」
「僕は大事に扱われて当然だ」

これらの生意気さ《プライド》を君が隠し持つからこそ、そうでない現実に直面するたび、怒りが君を支配する。

これらの生意気さに気づいて、それをすんなり手放せるように。

すべての精神的しがらみを乗り越えて、心にも身体にもこだわらず、何にもしがみつくことがないのなら、もはや君は怒ることも苦しむこともなくなるだろう。

法句経221

—

017

仲間入りをしてはいけない 最低《いやしい》の人間 パート1

すぐにカッカと怒る人。
いつまでも恨みを忘れない人。
自分の欠点を隠そうとする人。
自分を実際より良く見せようと親切を押しつける偽善者。
こういった人々は最低《いやしい》の人間だと知っておき、
その仲間入りをしないように。

—

018

仲間入りをしてはいけない 最低《いやしい》の人間 パート2

母、父、兄弟姉妹、パートナー、その母や父。
そういった身近で大事な存在に対し
いやな振る舞いをしたり、言葉で傷つけ悩ませる人は、
たとえ外面《そとづら》では「いい人」を演じて、
会社や学校では優しく振る舞っていたとしても、
最低《いやしい》の人間だと知っておき、
その仲間入りをしないように。

019

真に強い智慧ある人

恋人や友人から「頼りにならない人ね」と罵《ののし》られても、
悪党から「バカヤロー」と殴られ羽交締《はがいじ》めにされようとも、
怒ることなく、恐れることなく、平常心を保って穏やかに対応する。
それほどまでの忍耐力のある人こそ、
強力な軍隊なみの底力を持ち、智慧ある人と呼ぶにふさわしい。

法句経399

何が起こっても動揺しない練習

君よ、
もしも君の敵が君をつかまえて、
のこぎりで君の手足を切断しようとするならば、
手にも足にも激痛が走ることだろう。
手からも足からも、
身体的苦痛を送信する神経データが入力されてくるだろうけれども、
その身体の苦痛データに対して心を反応させ、
「嫌だ」と、心に怒り、すなわち反発心が生まれるならば、
君は私の生徒ではなくなってしまう。
私の生徒であろうとする以上は、
誰に何をされても怒らないように。
次のように練習すること。
「何が起こっても、心が動揺しないように練習しよう。

怒りに駆られてネガティブな言葉を口にしないよう練習しよう。
怒りを発生させず、
いやな相手に対しても優しさと同情心によって接するよう練習しよう。
その相手を、慈悲の念によって満たしてさらに、
すべての生きとし生ける者たちを、
無限の敵意なき慈悲の念によって満たせるよう練習しよう」と。

中部経典『鋸喩経』

心の安全運転者《ドライバー》

あたかも、暴走する車に乗り込んでハンドルを握り、
うまくバランスを保つかのように、
君が暴走する怒りの思いをコントロールして平常心を保てるならば、
私は君を「心の安全運転者《ドライバー》」と呼ぼう。

もし君が、怒りの思いをコントロールしないなら、
ハンドルをぼんやり握っているだけで、
暴走する車に翻弄される未熟者となるだろう。

法句経222

II

比べない

—

022

君が聞かれもしないのに自分についてしゃべるとき

自分がどれだけがんばったかということや、
自分が成し遂げたことや、
自分が有名人と知り合いであることや、
自分の立派そうな職業について質問されてもないのにしゃべる人。
君がそんな生意気な人になるのなら、
優れた人々から君は、「浅ましい」と敬遠されるだろう。

経集782

023

君が思い上がりの罠にかからないなら

君の心がくつろいで静かに安定しているのなら、
「私はこれをしてあげた」「私はこれほどの人物だ」などと、
自分の業績を誇ったりはしないはず。
君がものごとに成功したのちにも、思い上がりの罠にかからないなら、
優れた人々から君は、「心がきれい」と慕《した》われるだろう。

経集783

024

愚か者が何かを成し遂げると

何がしかのことを成し遂げると、愚か者はすぐに、

「ねぇ、私は、こんなことをしたんだよ」と言い、

「尊敬されたい」

「他人をペコペコさせたい」

「チヤホヤしてもらいたい」

と、物欲しさと浅ましさをむき出しにする。

「みんなに私のしたことをわかってほしい」
「みんなに私の言うとおりにしてほしい」
こんな幼稚な物欲しさにまみれつつ、
愚か者の欲望と傲慢《プライド》さは
ぶくぶくと肥え太ってゆくだろう。

法句経73・74

「誰々の」を忘れるハピネス

「この考え《アイディア》は僕のオリジナルさ」
「これはあの人の発案だ。負けたなぁ」
「これはあいつの意見だ。けなしてやろう」
これら「誰々の」という狭い見方をすると、
君の心は、我他彼此《ガタピシ》と苦しくなる。
「自分の」。「他人の」。
このふたつを君が忘れ去ったなら、
仮に何も持っていなくても、
しあわせな心でいられるだろう。

経集951

—

026

他人からの評価による快不快は、しょせん幻

他人から批判されたりマイナス評価を受けたりしても、「どうせ自分なんて…」と、劣等感を刺激されてうろたえることのないように。

他人から褒められたり賞賛されたりしても、「やっぱり私って能力があるでしょう、やっとわかってくれた？」とばかりに、鼻持ちならぬ優越感を刺激されて傲慢になることのないように。

他者からの評価により生じる快・不快など、脳内で生み出される幻にすぎない。

ゆえに、褒められたいというケチな欲望を取り除き、貶《けな》されるのはいやだという怒りを取り除くこと。

経集928

快楽の刺激を求めない

たとえ褒められても、脳内で生まれる「アー、キモチイイ」という快感反応に溺れることなく快感の中毒にならないでいるならば、評価されたからといって、偉そうに振る舞うことはない。

快楽の刺激を追い求めないとき、君の態度はやわらかく、その場その場に応じて柔軟に言葉を返すことができるだろう。

このように心が深く落ち着いているなら、特定の宗教や人を信仰する必要もなく、いまさら「心を落ち着けなくては」とがんばる必要もない。

経集853

—

028

偉そうにならないように

「ほらほら、自分ってすごいでしょ？」と、そんなふうに自慢する人にならないように。口に出して露骨に自慢しない人も、態度や素振りで自慢することもある。

「自分のこと、わかってよ」とばかりに、むやみに自分語りをする人にならないように。

ちょっと心が成長したからといって、偉そうにならないように。

そして、知らず知らずのうちに偉そうになり、他人を傷つける言葉を吐いてしまわぬように。

経集930

―

029

自分の考えにこだわらない

自分の考えたアイディアにこだわって、
「私の考えは素晴らしい」と君がしつこく言い張るのなら、
必ず他人にいやがられて批判される。
誰かしら少数の人は納得して褒めてくれるにしても、
つきあいにくい人として敬遠される。

経集895

—

030

たとえ君の意見が認められたとしても

君が他人の前で自分の意見を言い張った結果として、
たまたま賛成してもらえたとするならば、
君は「ほーら、私は正しいでしょう」と優越感を刺激されるだろう。
うれしくなり興奮することにより、
そのぶんだけ傲慢な性格になってゆく。

経集829

生意気さは苦しみを増幅させる

生意気さは、君の苦しみを、知らず知らずのうちに増幅させる。

自分の意見を押し通すことに成功してその味をしめてしまうと、君は前より一歩ほど、さらに生意気な言い方をするようになるだろう。

このように、自分の意見を押し通そうとするなら、それに失敗するとイライラするうえに、成功しても生意気な性格に変わってゆくのだから、ろくなことはない。心が濁ってゆくだけのこと。

この道理を知ったなら、むやみに意見を言い張ることから離れるように。

経集830

—

032

軽やかに思考を切り替える

人は自分の意見《アイディア》にこだわってしがみつき、意見を引っ込めるのが苦手だけれど、君は自分の意見をスルッと手放し、軽やかに思考を切り替えられるように、いつも練習しておくこと。

中部経典『削減経』

033

比べない

現在の自分を、「あの人より優《まさ》っている。わーい」とか「以前の自分より優れている。わーい」などと言って比べないこと。「あの人より劣っている。ガーン」とか「以前の自分より劣っている。ガーン」などと言って比べないこと。

さらにまた、「あの人と同じだ」とか「以前の自分と同じだ」などと言って比べないこと。

もしも自分のプライドに関わるようなことを質問されても、自分についての優越感や劣等感をあれこれイメージすることなく、自意識過剰を離れて冷静に答えられるようにしておくこと。

経集918

034

勝ち負けにこだわらない

「引きわけだね」
「私のほうが優れている！」
「私のほうが劣っている……」

この三種類の思考に支配されると、君は相手を言い負かしたくなり、いいがかりをつける。

たとえば、「あなたが途中で邪魔するから、仕事の手順が狂ったじゃない」といったぐあいに、論争《いいがかり》をふっかけて、安っぽいプライドを守ろうとする。

そして、お互い気分が悪くなる。

「引きわけ」「勝ち」「負け」など無視して、まったく気にしなくなるならば、生意気な態度も言い争いもぱったり消えて、平和が訪れる。

経集841

—

035

論争の誘いに乗らない

自分の考え方にしがみついている人が、「俺様の考えだけが真理であり、貴様はまちがっている」と論争をしかけてくるなら、「なるほど、そういう考え方もあるのですねえ。あなたがそう考えたくなる気持ちはわかるような気がします」と言ってヒョイッとかわしてやるとよい。

相手が敵対しようとしてからんできていても、「あいにく、ここには、自分の考えにしがみついてあなたに敵対するなんていう面倒なことをしたい人はおりませんので」とばかりに肩すかしを食らわしてみるといい。

このように自分の考えへの執着を捨てるなら、論争にもとづく苦しみは消滅する。

経集832

―

036

二つの道

ひとつの道は、みみっちい利益と名声を追い求める寂しい道。
もうひとつの道は、心の安らぎに至る真理の道。
私の生徒であろうとするならば、
世間の評価や名声など放っておいて、
孤独の中に自分の内面を探求するように。

法句経75

III

求めない

—

037

欠乏感は増幅する

自分の内側を見つめるのを忘れると、
知らないうちに君の心には、欠乏感のブラックホールが開いて、
「欲しい欲しい、足りない足りない、もっともっと」
と、求めてもがきまわる渇愛《のどのかわき》が増幅する。
まるで、林の中でバナナを探してあちこち飛びまわる猿のように、
君の心はあっちこっちともがきまわりグルグルと輪廻して、
死んですら気の休まることがない。

法句経334

038

欠乏感は転移する

木をノコギリで切り倒しても、その根っこが強力なら再びニョキニョキ生えてくる。

それに似て、君の心に巣食った欠乏感《のどのかわき》があまりに強力な呪いであるがゆえ、一時的に落ちついても根は生きているから、すぐにまたニョキニョキと伸び、苦しくなり、「足りなく」なる。

たとえば「どうして今日、会えないの」と、欠乏感《さみしさ》をぶつけたら、相手が会ってくれて落ちついても、すぐに「どうして私の話をちゃんと聞いてくれないの」となるというぐあいに、欠乏感《たりなさ》の癌は、ひょいっと別のところへ転移する。

法句経338

—

039

欠乏感の根っこを焼き払う

私は君にこのことを告げる。
君が幸福であることができるようにと。
「欲しい、足りない、もっともっと」
と、君の中でうごめいている
欠乏感《たりなさ》という植物の根っこを掘って、焼き払うこと。

ビーラナ草という植物の根っこから香料を抽出したい人が
ビーラナ草の根っこを掘ろうとするかのごとく、
欠乏感《たりなさ》という名の呪われた草の根っこを掘り崩すといい。

苦しみの悪魔がまたもや君をとらえて、
君の心を乱れさせることのないように。

法句経337

040

渇愛の根っこを掘り崩す

渇愛《さみしさ》の荒れ狂った川の流れは、
癌があちこちに転移するのにも似て、
あっちへこっちへ流れていっては、転移する。

満たしたと思えばすぐに、足りなくなる。

その渇愛《たりなさ》をごまかしたくて、

「あれが欲しい」

「もっとかっこいい仕事がしたい」

「みんなにもっと尊敬してほしい」

と、わがままという名の植物がどんどん生い茂っては君を苦しめる。

それらの植物が生えたことに、君がはっと気づけたならば、
智慧のスコップでその植物の根っこを掘り崩すように。

法句経340

041

欲しくて欲しくて
たまらない相手をつくらない

欲しくて欲しくてたまらない相手をつくらないように。
欲しくて欲しくてたまらない相手が、
君の思いどおりにならないとき。
とりわけ、その相手をいつか君が失わねばならぬとき。
そのとき、君の心には激痛が走るだろうから。

その「ホシイヨ、ホシイヨ」と
求めてばかりの呪いから解き放たれたなら、
君の心は何にも縛られず、自由となる。

法句経211

042

嫌いで嫌いでたまらない相手をつくらない

「どうしても今すぐ会いたい。会えないと苦しい」

こんなふうに強い欲望の執着が生じるような相手をつくらないように。

「最低限の常識もわきまえない最低の人間だね、あの人は」

こんなふうに嫌悪感の執着が生じるような相手をつくらないように。

欲望の執着が生じた相手と会えないでいると、つねに苦しみがわく。
嫌悪感の執着が生じた相手といっしょにいることもまた、
苦しみ以外の何ものでもない。

法句経210

043

歪んだ愛情という呪縛

家族や恋人や子飼いの部下など身近な人々に対しては、
愛情があるからこそついつい甘えてしまって、
「私を大事に思ってくれているなら、このくらいはしてくれるはず」
と思い込んでしまう。
けれども、そのわがままな欲求はたいていの場合、
満たされず、憂鬱《うつ》になる。

このように愛情による執着が強すぎると、
自分のことを大事に思ってくれるかどうか不安になり、恐れが生じる。
すなわち、歪んだ愛情ゆえに、憂鬱《うつ》さや恐れが生じる。
歪んだ愛情という呪縛から解放されるなら、
もはや君に憂鬱《うつ》さや恐れは存在しなくなるだろう。

法句経212

鉄の鎖よりも強く私たちを縛っているもの

たとえ君が鉄の鎖で縛られても、木の拘束具で拘束されても、麻ひもでグルグル巻きにされても、それらは「強力な呪縛」ではない。

自分の獲《かせ》いだお金への執着や、買いこんできては増えてゆく物への執着や、「私の子どもはこうなれ、こうはなるな」「私のパートナーはこうなれ、こうはなるな」という支配欲への執着。

智慧ある者にとっては、これらのあくことなき執着こそが、「強力な呪縛」に見える。

その呪縛は、ゆるやかに見せかけて実はぎゅうぎゅうギリギリしつこくからみつき、あまりに逃れ難きものゆえに。

これらの呪縛を断ち切った君は、「こうしてほしい」「ああしてほしい」と求める浅ましさから自由となるだろう。

法句経345、346

045

渇愛の蜘蛛の巣を断ち切る

欲によって脳内快楽を味わいたければ、わがままになる。

「私のこと、ちゃんと理解してほしい」

「もっとちゃんと見てほしい」

「もっとちゃんと評価してほしい」

「もっとちゃんと愛してほしい」

と、わがままな欲望思考に君が洗脳されてしまうなら、まるで蜘蛛が自分の糸にからまるように、自分の渇愛《さみしさ》の糸にからまり、その苦しさに窒息してしまうだろう。


君が智慧を武器にしてこの蜘蛛の巣を断ち切ったなら、苦しみを捨てて悠々と歩いてゆける。

法句経347

自分に与えられているものを見る

君が、君の手に与えられたものを見ず、他人の手に与えられたものを「いいなぁ。欲しいなぁ」と羨《うらや》ましがるなら、君の心の三昧《しずけさ》はバラバラに壊れる。

法句経365

047

自分に与えられているものに幸せを見る

君の手に与えられたものがたとえどんなにわずかでも、君がそこに幸せを見つけるなら、「足るを知る」充足感で心はきれいに澄んでいく。

そのきれいな心の波は、目に見えない高次の生きものたちを喜ばせて惹きつけるだろう。

法句経366

048

「ある」と「ない」に動じない

君の頭に浮かんだ考え《アイディア》や君の持ちものについて
「これは自分だけの大切なオリジナルだ」なんて、
君がしがみつかなくなるなら。

褒めてもらえないとか、
愛されてないとか、
約束を守ってもらえないとか、
君が「ない」に対して嘆かないなら。

「ある」にこだわらず、「ない」に嘆かず、
君の心は無敵とばかりにやわらかくなる。

経集950

欲望とは苦なり

心の中にうごめく欲望に向かって、
たとえ世界中のお金をシャワーのように降らせてみても、
欲が満足することはない。

満足するどころか、
快感が生じたのちにだんだん空しくなり、苦しくなる。
苦しくなってムズムズしてくるために、
それを静めるためにさらに何か別のものが欲しくなり、
欲望がうごめきだすだろう。

欲望の実現によって得られる脳内の快感反応は
ほんの一瞬のものにすぎず、
その後は禁断症状のように空しさや不安がやってくる。

「欲望とは、苦なり」と体感したならば、
最高の楽しさを「欲しい欲しい」と求める心が静まる。

この「欲しい欲しいと泣き叫ぶ心の寂しさを静めること」をこそ
求めるならば、
君は私の生徒と呼ばれるにふさわしい。

法句経186、187

IV

業《カルマ》を変える

—

050

君は、これまで君の心が思ったことの集合体

君という存在は、過去に「何を考えたか」によって、その考えたり感じたりした内容が、ひとつひとつ心に蓄積されミックスされた結果のつぎはぎとして、今、ここに立っている。

すなわち君とは、これまで君の心が思ったことの集合体。

君がイヤなことを思うなら、少しだけ暗い業《カルマ》のエネルギーが心に刻まれ、そのぶんイヤな君に変化する。

君が優しいことを思うなら、少しだけポジティブな業《カルマ》のエネルギーが心に刻まれ、そのぶん温かい君に変化する。

こうして人間は、心で思ったとおりのものへと少しずつ変化してゆく。
すべては心が思うことから生まれ、すべては心が思うことによって創られる。

ゆえにネガティブな心によってイヤな話をしたり、ネガティブな心によってイヤな行動をしたりするならば、必ずや苦しみ《ストレス》が自分についてくるだろう。

優しくポジティブな心で話したり行動するなら、必ず安らぎが自分についてくる。
そう、影が君の歩く後ろから必ずついてくるかのごとく。

法句経1、2

―

051

善いことを思ったら、すぐに実行に移す

落ちついた心で何かに打ちこもう、という気持ちがわいてきたなら、急いでそれを実行に移し、善い業《カルマ》のエネルギーを心に刻んでおくこと。そうすることで、ネガティブな思考が心を占領しようとするのを防ぐように。

なぜなら、せっかく善いことをしようという心が出てきても、うかうかしているとすぐに、ネガティブな思考に入れかわってしまうのだから。たとえば「今日は掃除をしよう」と意気込んでいても、すぐに始めないで先に遊びはじめると心が変わり、「やっぱり時間もないし、やーめた」とネガティブな業《カルマ》を積むはめになるのだから。

法句経116

—

052

ネガティブなことを思わない

もし君が、ネガティブな思考にとらわれたり、ネガティブな思考のままに話したり行動したならば、そのネガティブな悪業をそれ以上は繰り返さないようスッパリやめること。

ネガティブなエネルギーは刺激的でクセになるけれども、それへの中毒にならぬよう気をつけること。

ネガティブな悪業のエネルギーを心に溜めこんでゆくのは、君の苦しみを増やすことでしかないのだから。

法句経117

—

053

悪い業《カルマ》

あとになってから「やっぱりやらなきゃよかった」と後悔し苦しむならば、その行為は悪い業《カルマ》として心に蓄えられる。
その悪業をなしたネガティブなエネルギーが心の中で熟し、やがて苦しみの報いを泣きながら受けるはめになるのだから。

法句経67

善い業《カルマ》

あとになってから「やっぱりやらなきゃよかった」と苦しまずにすむなら、その行為は善い業《カルマ》として心に蓄えられる。
その善業をなしたクリアなエネルギーが心の中で熟し、やがて心地よき報いを楽しい充実感とともに受けとるのだから。

法句経68

—

055

悪い業《カルマ》が熟成するまでの長い時間

フレッシュなミルクが発酵してヨーグルトへと固まってゆくのには時間がかかる。君が悪い業《カルマ》を積み、ネガティブなエネルギーを蓄えたとしても、そのエネルギーが熟し固まってイヤな結果を引き起こすまでには、時限爆弾のごとく時間がかかる。

灰に覆われた残り火がしつこく燻《くすぶ》るかのように、悪業のエネルギーは心の中で燻りつづけ、やがて燃え上がって君にダメージを与えるだろう。

法句経71

056

死してなお怒りの業《カルマ》は

もしも、怒りの業《カルマ》を積みあげて、君が死してのちはそれが身体《からだ》をもたない怒りの思念のみとして生まれ変わったなら、目の前の現実などどこにもなく、ただひたすらに思念のみが夢の中のように妄想をつくりあげ、君の目に何度も何度も怒りの幻覚を見せつづけるだろう。

たとえば膿《うみ》や血の混ざった鍋で自分がグツグツ煮られる幻覚。

そこから逃げ出してみせても、体中に膿《うみ》と血がベトベトとまとわりついてオエーッとなる幻覚。

過去の怒りが残響していて怒りを反復したいがゆえに、自分からわざわざ怒りたくなるようないやな幻覚ばかりを見て悩み苦しむ羽目になる。

経集671

—

057

悪業の報いを受けるとき

心の法則を知らない者は、
自分の行った悪い行動・悪い言葉・悪い思考によって
心に悪い業《カルマ》のエネルギーが刻み込まれても気にかけない。
心の法則を知らない者は、
その悪業のエネルギーがたっぷりグツグツ煮られて熟して、
ついにいやな報いを受けるまでのあいだは、
「自分は楽しんでいる。甘い汁《シロップ》を吸っている」と
妄想していられるだろう。

他人に対して生意気な態度をとるという行動をとれば
一瞬、楽しさの錯覚がある。
嫌いな人についてグチの言葉を吐いたり、
嫌いな人に対して「ムカツク」という思考にふけったりするのも、
一瞬は気晴らしになったような錯覚が生じるだろう。

しかしながら悪業のエネルギーがグツグツ煮られて
報いを受けるときには、
愚か者もついに苦しみを味わう羽目になる。

法句経69・119

058

最低の人とは

行動・言葉・思考によって、ネガティブなことを言ったり考えたりする悪しき業《カルマ》を積みながら、「これが他人にバレないようにごまかそう」と隠そうとする人こそが、最低《いやしい》の人と呼ばれるにふさわしい。

たとえば、心では「早く帰りたいなあ、この人の話はつまんないなあ」とイライラ考えて怒りの業《カルマ》を積みながら、表面では笑顔を浮かべて、「あなたの話はウィットに富んでいて、おもしろく聴かせていただきました」なんてごまかすとしたら、内面とうわべの矛盾ゆえに、君の中にストレスが溜まる。

そうやって、君はだんだん最低の人になってしまう。

法句経127

059

悪い業《カルマ》が減らないのは

「あの人はここがよくないのよね」「この人は服のセンスが悪いね」「その人は性格が歪んでるよね」などと、他人の問題点ばかり見ていつもケチをつけるとしたなら、さまざまな煩悩エネルギーが蓄積されていくばかりで、いつまでたってもネガティブな業《カルマ》を減らすことはできないだろう。

法句経253

060

悪い業《カルマ》のエネルギーを軽く見ない

自分が行動・言葉・思考によってつくる悪い業《カルマ》のエネルギーを軽く考えて、「その報いは、私にだけは返ってこない」と錯覚しないように。

ポタポタしたたり落ちるだけの水滴でも、やがては大きな水瓶《みずがめ》をいっぱいにする。まさにそのように、悪しきエネルギーは君の心の水瓶にポタリポタリとしたたり落ちて蓄積されて、やがては君の心の水瓶を悪しきエネルギーでいっぱいにする。

法句経121

善い業《カルマ》のエネルギーを軽く見ない

自分が行動・言葉・思考によって心に刻み込む善い業《カルマ》のエネルギーを軽んじて、「どうせ善いことをしても、その報いは自分に返ってこないからどうでもいいや」と投げやりにならないように。

たとえ誰も見ていないところで、公衆トイレを使うときに陶器の汚れを見つけ、それを次に使う人のためを思って拭き取ってあげようという程度の善い心でも、一滴一滴の水滴がやがて水瓶《みずがめ》すらいっぱいにするように、少しずつ蓄積される。

善き業《カルマ》のポジティブなエネルギーは、心の水瓶にポタリポタリとしたたり落ちて少しずつ蓄積されて、やがて心地よい報いをもたらすだろう。

法句経122

062

行動と言葉と思考が業《カルマ》になる

ネガティブな行動やネガティブな言葉やネガティブな思考を行うくらいなら、何も行動せず、何も言わず、何も考えないほうが優れている。なぜなら、それらによるネガティブな業《カルマ》のエネルギーは心に蓄えられて、あとになってから自分を苦しめるのだから。

ポジティブな行動・言葉・思考を行いたくなったときは、なんでもいいからとにかく実行したほうが優れている。あとになってから苦しむことがないのだから。

法句経314

063

善い業《カルマ》が熟成するまでの長い時間

善い行動や善い言葉や善い思考によって、心に刻まれたポジティブなエネルギーが、グツグツと煮られて善業の報いが訪れるようになるまでのあいだは、善いことをしたとしても、悪すなわち不幸に見舞われることがある。

しかしながら、ポジティブなエネルギーが煮られ熟成するとき、さまざまな幸福《ハピネス》に満たされる。

法句経120

064

自業自得

「自分」というバケモノは、自分自身が心の中で思い描いた欲望・怒り・迷いの思考によって、少しずつけがされてゆく。
「自分」というバケモノは、心の中で欲望・怒り・迷いの思考を思い描かないことによって、少しずつきれいになってゆく。

こうやってけがれるのもきれいになるのも、すべては各自、一人ひとりの自業自得。
他人が他人の心をきれいにするなどできやしないのだから、よけいな口出しはしないこと。

法句経165

065

傷がない手に毒は侵入できない

触れられる手に傷がなければ、毒に触れても毒は進入できないのだから、その手で、何ごともなく安心して毒を扱える。

傷なき者に対しては毒は何もできやしないのに似て、心に悪業という傷のない者に対しては、非難も中傷も災難という毒すらも、まったく侵入することはできない。

悪業のエネルギーを蓄えていない人には、悪すなわち不幸はやってこない。

法句経124

―

066

悪い業《カルマ》を解消する方法

空中に飛んで逃げても、無理。
海の中にもぐって逃げても、無駄。
山々の奥深くまで逃げても、無意味。
この世界のどこにも、逃げ場はない。
これまで蓄えてきた悪しき業《カルマ》のエネルギーの報いからは、
決して逃げとおすことはできず、
いつか、その「借り」を支払う羽目になる。

いやな目に遭っても、逃げもせず拒絶もせず、
「この程度の報いですんでよかった」と明るく受け入れるなら、
悪しき業《カルマ》の借金はすうっと解消してゆくだろう。

法句経127

067

ネガティブな行動・言葉・思考が不幸な人生をつくる

君がネガティブな行動・ネガティブな言葉・ネガティブな思考をするのがクセになってしまい、それらを通じて悪い業《カルマ》を心に刻み込んできたならば、生きている間から、その業《カルマ》のエネルギーにより、いつもイライラして不幸な日々を送る。

そのうえやがて死ぬときは、来世においていやな生まれ変わりをする羽目になるだろう。

「自分は他人に非難されることをたくさんしてきた、バレたらどうしよう」とイライラし、死後はいやな生まれ変わりをして、いっそう苦しむことになるだろう。

法句経17

068

ポジティブな行動・言葉・思考が幸福な人生をつくる

君がポジティブな行動・ポジティブな言葉・ポジティブな思考を通じて善い業《カルマ》を心に刻み込んできたなら、生きている間から、その業《カルマ》のエネルギーによりいつも幸福でいられる。

そのうえやがて死ぬときは、来世において幸福な生まれとなり、今世《こんじょう》でも来世でも安心して過ごすことになるだろう。

「自分は誰からも後ろ指をさされることはない」と安心でき、死後は善き生まれ変わりをして、いっそう心配のない生活を送ることになるだろう。

法句経18

V
友を選ぶ

069

心の改善を目指す友と出会ったなら

もし君が、人生の道のりを歩むにあたって、
心の改善を目指す友に出会うなら。
互いに性格の欠点を改善してゆける、そんな貴重な友に出会うなら。
あらゆるハードルを乗り越えて、
たとえその人の顔が好みでなくとも、
たとえその人にいわゆる才能がなくとも、
その人とともに歩むのがいい。
いっしょにいてもなお、
あくまでもじっと自らの内面を見つめることを
忘れないでいられるように。

経集45

心の改善を目指す友と出会えなかったら

もし君が、人生の道のりを歩むにあたって、
心の改善を目指す友に会わないなら。
ともに心の成長に励める、そんな貴重な友に出会えないなら。
せっかく征服した国を惜しみなくさらっと捨てる王様みたいに、
ただ独りぽっちで歩むのが潔《いさぎよ》い。
まるでインド犀《さい》の頭に一本だけシャキンと突き出た角のように。

経集46

—

071

自分より性格の良い友を持つ

君が人生を歩むにあたって、
自分より性格の良い友、
あるいは、せめて自分と同じくらいには良い友と親しくするといい。
君の心は無意識的に相手をコピーして、
知らず知らずのうちに性格が良くなるだろう。

あいにく自分より性格の悪い、そんな友にしか出会えないなら、
いっそ爽《さわ》やかな「独りぼっち」を楽しみ、ただ独りで歩むのが潔《いさぎよ》い。
まるでインド犀《さい》の頭に一本だけシャキンと突き出た角のように。

経集47

友人もどき　パート1

君よ、次の四つのポイントが揃っているような「求めてばかり」の友は、実は友ではなく、友人もどきだと幻滅しておくこと。

❶君の都合を考えずに、「あれをして。これをして」と求めるばかり。

❷ちょっぴり助けてくれたり優しくしてくれて、たっぷり見返りを求める。

❸君に嫌われるんじゃないかと恐れるがゆえに、君のために優しく尽くす（そんな人は、安心すると急に態度が悪くなるだろう）。

❹君とつきあうことで、自分にとってどんなメリットがあるのかと、損得計算しかしていない。

これら四つのポイントが揃っているなら、そんな友人もどきからは遠ざかるように。

長部経典『六方礼経』

友人もどき　パート2

君よ、次の四つのポイントが揃っているような「口先だけの友」は、実は友ではなく、友人もどきなのだと幻滅しておくこと。

❶「あー、残念。今週は用事があって行けないけど、先週誘ってくれたら行けたのにな」などと、過去の「あり得ないこと」でおもねる。

❷「むむむ、残念。今日はフォークダンスの練習がしたいからダメなんだけど、またこんど暇なときなら、あなたの仕事を手伝いますよ」などと、未来の「あり得ないこと」でおもねる。

❸君が困っているのに、その困難を解決するのには役立たない、しかし口当たりの良い言葉でおもねる。「それは困ったわねぇ。ところで、あなたのネコちゃんは元気？あんな可愛い子がいていいわねぇ」など。

❹「今、これから」と、君が打診したことに対しては、「ごめんなさい、今はムリ」と断ってくる。

長部経典『六方礼経』

友人もどき パート3

君よ、次の四つのポイントが揃っているような「君が喜ぶことばかり言う友」は、実は友ではなく、友人もどきだと幻滅しておくように。

❶君にとって悪いことでも「うんうん、そうだよね」と口先で同調する。たとえば君がグチを言っていて自分の心を醜くしていても、いいかげんに「そうだよねえ」などと言う。

❷君にとって良いことでも、君に「そうだよね」と口先だけで同意する。君が素敵なアイディアを聞かせても、「そうだよねえ」と言いつつ、せっかくの良いこともまともに聞いていないので、会話が弾まない。

❸目の前ではいつも君のことを「へえ、そうなんだあ、すごいね」とか「さすがだね、尊敬するよ」などと褒める。

❹君のいないところでは「あの人ってちょっと褒められると調子に乗るからちょっとね」などと、陰口を言う。

長部経典『六方礼経』

友人もどき　パート4

君よ、次の四つのポイントが揃っているような「財産を減らすきっかけになる友」は、実は友ではなく、友人もどきだと幻滅しておくように。

❶自分の内面を見張る感情コントロールを破壊する原因、すなわちアルコール類を飲みに行くときにばかり同行する。

❷夜遅く、街に遊びに出かけるときにばかり同行する。

❸映画やコンサートなどの、自分の内面から目をそらす娯楽に行くときにばかり同行する。

❹ドキドキ興奮して自分の内面を忘却してしまうこと、すなわち、ギャンブルをするときにばかり同行する。

長部経典『六方礼経』

いっそのこと、独りぽっちも清々《すがすが》しい

現代の人々は、「この人とつきあって自分にどんなメリットがあるかしらん」と損得ばかりを無意識的に計算しつつ、他人と親しくしたり優しくしたりする。

今の世の中では、損得計算する欲望に汚染されていない真の友だちは得難い。

君のまわりにいる人たちが、自分の損得にこだわる小ざかしさにはまっているならば、いっそのこと独りぽっちになってみるのも清々《すがすが》しいだろう。

まるでインド犀《さい》の頭に一本だけシャキンと突き出た角のように。

経集75

実質のない空虚な言葉を吐く人は友ではない

「いろいろお世話になった御礼に、こんど部屋を模様替えすることがあったら、いつでも手伝いにくるから呼んでくださいましね」

たとえばこんなふうに、仕事を助けてもらって借りができたことに負い目を感じたとき、本気でするつもりもないことを安請け合いする。

そして、いざ君が人手が足りずに困っているときには、見て見ぬふりをする。

こんな人のことは、「安請け合いして言葉の口当たりがよいだけで、友だちじゃない」と知っておくとよい。

経集254

―

078

借金を踏み倒す人を友としてはいけない

君から借りをつくっておきながら、いざというときになって「よかったらお返しに〇〇してよ」と催促されると身構えて、自分が損をしたくないからと逃げを打つ人。

心の中ではブツブツと、「あなたからの借りなんてないもんね」と自分をだましていたりする。

そんなふうに「借金」を踏み倒す人こそ、「卑しい人」と呼ぶにふさわしい。

経集120

―

079

君のことを品定めしない人を友とする

君の言うことなすことに何か欠点がないかと、いつもしつこく見張ってあら探しをし、互いにぶつかるのを待ち望んでいるような人。
「この人は友じゃない」と幻滅しておくとよい。

君のことを「良い」とか「悪い」とか、つべこべ品定めせずに、とにかく君を慕《した》ってついてきてくれるなら、その人は友。
あたかも、子どもがあれこれ考えずに母親の胸に飛び込んでゆくかのようなひたむきさで飛び込んできて、その友情を他人が邪魔することもできぬような、強固な結びつきがあるのなら。

―

080

心の整えられた人同士でともに暮らす

表面的には優秀だったり才能があったりしても、自分の内面を見つめることなく感情をコントロールしようとしていない人とは友だちにならないこと。そんな人と親しくするなら、君は長らく、その人の欲望や怒りに悪影響を受けいやな思いをするだろう。

自らの感情をコントロールしようとしない人といっしょに暮らすのは、あたかもいやな敵といっしょに住むようなもの。それは、君にとってずっと苦しみでありつづけるだろう。

心の整えられた人同士でいっしょに親しく住むのが、君の心の安らぎと互いの成長のためになる。

法句経207

180

友に胸に秘めていたことを言うときは

「うーん、指摘したいんだけど、どうしよう」と君が心の中に秘めて隠している言葉《セリフ》が、事実に反していたり、他人にダメージを与える内容だったりするなら、決してそれを語らないように。

さらに、その秘めている言葉が事実であったとしても、それが他人にダメージを与える内容であるなら、それを語らない練習をすること。

君の胸に秘めている言葉が、事実でありしかも相手にダメージを与えず、相手にとってメリットがあるとわかるなら、あくまでもタイミングをみて、それを伝えるとよい。

たとえば、相手が仕事を怠けているのを見て、「みんな頑張ってるのにあなたのせいで士気が下がるのは、悪いとは思わないの？」などと怒りそうになったとしたなら、怒りが静まり、ほとぼりが冷めるのを待ってから冷静に伝えるとよい。

「無理のない範囲でもう少し労力を割いてもらえると私もみんなも、もっとやる気が出ると思うんだ」と。

中部経典『無諍分別経』

082

ときには友に疎まれるのもよし

どうしても必要と思われるときは、間違った方向へ進もうとしている友にアドバイスしてあげ、ネガティブな考え方やネガティブな口ぐせから離れるように口出ししてあげることも互いのためになる。

相手が友であるに値するまともな人間であるなら、君の言葉に喜んで耳を傾けてくれるだろう。

もし相手が友であるに値しないような、聞く耳を持たぬ人間であるなら、君はその人から「うるさいなあ」と疎まれるだろう。

けれどもその結果、そんな人からは嫌われて仲良くしなくてすむようになるのだから皮肉なことに、聞いてもらえないなりに良い結果になる。

法句経77

083

君に財宝の在りかを教えてくれる人

君自身では自覚できていない性格上の欠点を指摘し、はっとさせてくれる人は、あたかも隠された財宝の在りかを教えてくれるようなもの。

そんな人に出会うと、自分の問題点をズバッと突かれて「アイタタタ……」と感じて避けたくなるかもしれないけれども、そういう人とこそ親しき友となるように。

君の短所まで含めて見抜いてくれるほど君を理解できる人を友人やパートナーにするならば、いっしょに向上してゆくことができるだろう。

法句経76

こういう人といっしょにいよう

自分の内側を見つめない、自分の心の真理から目をそらす。そんな人とは仲良くしないこと。

自分の心を見つめる気のない、いい加減な人とつるまないこと。

自らの心を見張り、向上しようとしている人こそ、友や伴侶《パートナー》として親しくすること。

心の澄んだ人といっしょにいること。

法句経78

VI

幸せ《ハピネス》を知る

085

持ちものに執着しない

君よ、私は持ちものに執着しない。

ゆえに、もしブランド品の服をなくしたとしても、「何日も探し回っているのに見つからない。困った困った」とイライラすることは決してない。

ゆえに、私はしあわせ。

相応部経典

086

成果に執着しない

君よ、私は成果に執着しない。

ゆえに、「田に種をまいたのに今年は不作で、ほんのちょっぴりしか収穫できない、あーあ」というストレスは生じない。

あるいは、がんばった仕事を評価されなくても、「あーあ、世の中の人たちは見る目がないな」なんてひがむ苦しみは決して生じてこない。

ゆえに、私はしあわせ。

相応部経典

食べものに執着しない

君よ、私は食べものに執着しない。

ゆえに、食料のストックがなくなっても、「どうしよう、早く買いに行かなくちゃ」とせき立てられる苦痛はない。

食料がたくさんあるときも適量で食べ終わるから、「しまった！　食べすぎてしまって、お腹が苦しい」という苦痛は決して生じない。

ゆえに、私はしあわせ。

相応部経典

寝る場所に執着しない

君よ、私は寝る場所に執着しない。

ゆえに、ノミやシラミのわいた布団ですら不満なく、リラックスして眠れる。

ふかふかの布団で寝られないからといって、「今夜は寝心地が悪いなあ」と落ち着かず眠れない、なんていうこともない。

いつでもどこでも、すっきり安らかに眠れる。

ゆえに、私はしあわせ。

相応部経典

089

我が子に執着しない

君よ、私にはラーフラという名の息子はいるけれども、その子への執着はない。

子どもに勉強を教えてやったぶんだけ「できるようにならないと気がすまない」なんていう、カリカリした気持ちはさらさらない。

子どもを育てるのにたくさんのお金を使ったからといって「恩返ししてくれなきゃ気がすまない」と借金取りのような思考でいら立つことはあり得ない。

ゆえに、私はしあわせ。

相応部経典

パートナーに執着しない

君よ、私はパートナーに執着しない。

ゆえに、パートナーが朝から自分には興味の持てない音楽をかけていても「私がこの音楽を好きではないことを知っているくせに、なんでこんな音楽をかけるんだ」といらつく朝を迎える心配はない。

ゆえに、私はしあわせ。

相応部経典

お金儲けに執着しない

君よ、私はお金と無縁の生活をしている。
ゆえに、「もしお金がなくなっちゃったらどうしよう」なんていう心配は、
これっぽっちもない。
あるいは空しさに駆られ、「お金にものを言わせて好き放題をしてやれ」
という貧しい心になることなど決してあり得ない。
ゆえに、私はしあわせ。

相応部経典

092

身の丈に合った住まいに住む

セレブ気取りで、自分の収入や現在の心に分不相応な高級住宅地に住んだり、気分を傲慢にさせ煩悩を増やす豪邸に住んだりすることは、気分を落ち着かなくさせる。

身の丈に合った住居に落ちついて住むというごくふつうのこと。

これが最高の幸福。

経集260

093

安心していられる

身体《からだ》で行う行動も、口から出る言葉も、心の中での思考も、ネガティブな方向に暴走しないようにじょうずに運転できていること。
これが最高の幸福。

これまで心の中に蓄えてきた善い業《カルマ》のエネルギーがたくさんあるなら、
これから先も安心できる。
これが最高の幸福。

経集260

—

094

じっくりと身につけられた気品が漂う

心の躾《しつけ》というものはさっとすぐに身につくものではない。
長い時をかけてじっくりと身につけられた心の躾《しつけ》があり、他人の悪口や
自分語りや乱雑な動作をしないことから、自然と気品が漂うこと。
これが最高の幸福。

経集261

095

家族を大事にする

かつて君の面倒を無償でみてくれた両親には借りがあるのだから、父母に優しく恩返しすることは精神的借金をきちんと完済することになる。借りを完済して自立すること。それが最高の幸福。

自分の妻ないし夫を守り支え、子を守り支え、そのためにも心を乱すことなく仕事に励み、そこに生き甲斐が持てる。

それが最高の幸福。

親族を大事にする心の余裕が持てること。

これが最高の幸福。

経集262、263

096

ケチな自分を乗り越える

「これは自分のお金だ、誰にもくれてやるものか」というケチケチした感情を減らしリラックスするためにも、持っているものを手放し、他人に分け与えることができる。

うっかり好物を独り占めしたくなっても、みんなで分けて食べると楽しい。

誰かへのプレゼントを買おうとして、うっかり値札に気をとられて、ひるんでも、思い切ってお金を手放し買ってみると心地よい。

そうして、「ケチ」を乗り越え、自分に克《か》つ。

これが最高の幸福。

経集263

—

097

言葉と行動がコントロールできている

身体《からだ》の行動においては、殺生や浮気など苦しみを増す行為を離れていられること。

口から出る言葉においては、悪口や噂話や自分語りや嘘を離れていられること。

心の中では欲望と嫌悪感を離れていられること。

そして、心の明晰さと集中力を破壊する飲酒を自制して、心を鍛えようとするがゆえに、絶え間なく成長してゆくこと。

これが最高の幸福。

経集264

—

098

調子のいいときも悪いときも、心がぶれない

自分にとって都合のよい情報に触れて万事が順調に進んでいるときも、舞い上がり調子に乗ることがない。
自分にとって都合の悪い情報に触れて逆境に立たされているときも、落ち込む打たれ弱さがない。
いかなる状況のなかでも、
心がぶれることなく、ネガティブにならず、
心のノイズを離れて安らいでいられる。
これこそが最高の幸福。

経集268

満足する喜び

尊敬に値する心の整った人を尊敬し、偉そうになることもなく誰に対しても丁寧であること。

これが最高の幸福。

「今、ここではないどこか」「今、ここにはない何か」を求めていつも、「もっと、もっと」と落ち着かず彷徨《さまよ》い歩くのをやめて、「今、ここにあるごくふつうの物や人」に満足して、心が温かく充足していられること。

これが最高の幸福。

他人からこれまで受けてきた恩を思い起こし、それに報いたいという明るい心が湧き上がってくること。

これが最高の幸福。


自分の心にとってタイミングのよいときに、心の法則についての教えを聞いたり読んだりすることで、うっかり忘れそうになる真理を、繰り返し心に染み込ませて成長してゆくこと。

これが最高の幸福。

心を鍛える喜び　パート1

いやなことをされても言われても耐え忍ぶことができ、心にダメージを負わない打たれ強さを身につけること。

これが最高の幸福。

耳に痛いように思える内容のことを言われても、それが自分を良い方向に変えるのに役立つ内容であれば、プライドなど捨てて聞き入れる。そのような素直さが身についていること。

これが最高の幸福。

心を鍛えようとして、トレーニングをしている修行者に会って見習うことや、ふさわしいタイミングで心の仕組みを話題にして話し合えるような相手がいること。

これが最高の幸福。

心を鍛える喜び　パート2

君自身が守ろうと決めた心のルールを自らに課して、集中力を高めるトレーニングと自己観察力を高めるトレーニングを行う。そのトレーニングにより心身の苦しみが生まれるカラクリを見破り、苦しみを減らしていき、ついには心の安らぎに至る。

これが最高の幸福。

経集267

—

102

いつでもどこにいても
何があっても幸福でいられる

心が安らいでいて平静であれば、
いかなるところで、いかなることが起ころうとも、
心がくじけることもなく、心がへこむこともなく、
負けるということがない。
それゆえに、どこにいても心が幸福でいられる。
これこそが最高の幸福。

経集269

VII

自分を知る

—

103

自分の良くないところは自分では見えにくい

他人の良くないところはとてもよく見えるし、ついつい調子にのって指摘したくもなる。見えにくいのは、君自身の良くないところ。

自分は「いい人」のつもりでも、実は他人に善意の押し売りをしていたりするかもしれない。誠実に謝罪しているつもりでも、実は許してもらえないとすぐ腹を立ててしまう偽善者だったりするかもしれない。

こういう「歪んだ自分の本性」こそが見えにくい。

他人の問題点を指摘することで、「ちゃんと指摘できる立派な自分には問題がない」と錯覚するがゆえに、自分自身の問題点が隠されてしまう。

それはまるで、ギャンブルでサイコロを振って、自分に不利な目が出たらイカサマして隠してしまうギャンブラーのよう。

法句経252

自分の内面に目を向ける

自分の内面を見つめることは、ぼんやりした意識をしゃんと覚醒させる。

「あ、今、サボって遊びたい欲望が生まれた」

「あ、今、上司への怒りが生まれた」

「おや、怒りが消えていった」

「あれ、今度は甘えが生まれたみたい」

「今は、漠然と不安になっているようだ」

こうやって意識が自分の内面に向かい、それに君がいつも気づいていられるのなら、混乱した心が整理され、明晰になる。

法句経21

自由の身へとたどりつく人

自分の内面の変化を見つめようと、絶えまなく自らに向き合う人は、それにより「瞑想者《ヨーギ》」と呼ばれるにふさわしい。

自分自身の内面を見張りつづける人は、心の安らぎと自由にたどりつく。

遺伝子の生存本能に支配され、無意識的に暴走させられつづけてきた奴隷のような状態から、ついに自由の身へとたどりつく。

法句経23

人の悪口に夢中になる理由

愚かにも、自分を背後から操る無意識の命令に気づかず、自分が心の闇に操られているのを知らないままの人々は、自分の心の奥底がどれだけドロドロに汚れているかなんて知りもしない。

そんなイヤな真実を見たくないからこそ君は、自分の内面から目をそらすことに専念する。

内面から目をそらすために、他人の悪口を言ったり、映画やゲームやドラマの世界に浸ったり、好きな音楽や思想に夢中になり依存する。

心の自由を求める人は、自らを支配する依存症や嫌悪感の正体を見極め打ち破るべく、自分の内面を見張り自分の心の奥底へと探検することにこそ専念する。

法句経26

107

娯楽や無駄話に夢中になる理由

自分の内面を見張るのを怠って、自分をごまかす娯楽や無駄話に夢中にならないように。

それらがもたらす見せかけの楽しさに屈服することなく、自分の内面で「今、何が起こっているか」を見張りつづける瞑想者《ヨーギ》は、やがて心の安らぎにたどりつく。

法句経27

108

アルコールを飲んではいけない理由

君よ、自分の内側を見張ってコントロールすることができなくなり酔っぱらう原因、すなわちアルコール類を飲むことには、六つのデメリットがある。

❶お酒を飲む代金や飲食費がかさむ。
❷自己抑制がぼんやりとして喧嘩しやすくなる。
❸臓器にダメージを与えて病気の原因になる。
❹「酒を自制《セルフコントロール》できない人」と信用を落とす。
❺性欲に駆られて浮気や不倫をしやすくなる。
❻脳神経のつながりが狂い、知力が衰える。

長部経典『六法礼経』

君を苦しめるものは

君を苦しめる感情すなわち、かなわぬものを求める欲望と、いつまでも反復《リピート》する怒りは、他人がつくったものではなく、君自身の心身から生まれる。

好き嫌いというわがままも恐怖によってビクッとすることも、君の心身によってつくられる。

たくさんのよけいな考えごとも妄想も、君自身の心身から生まれ、君の心をつかまえていじめる。

そう、まるで少年たちが、イタズラにカラスをつかまえ投げすてて、いじめるのにも似て。

経集271

煩悩を焼き尽くす火

ボーッとしていると、心はいつのまにか、他人に依存していたり、さっきまではやる気だったはずの仕事をなぜか急にいやがりはじめたりと、勝手に暴走する。

心が暴走しないよう内面を見張る人は、ちょっと目をそらしたすきに、心が勝手におかしな方向に暴走してゆく恐れがあるのを知っている。

暴走する煩悩に心が束縛されそうになるたびに、ジーッと内面を見張る力の火によって、小さな煩悩を焼き尽くし、大きな煩悩をも焼き尽くし、進むこと。

法句経31

自分の心の主人たれ

君は、君の心の奴隷であることなく、
君の心の主人であるように。
君こそが君の最後のよりどころ。
自分以外の何にもすがらず、自分の心を調教する。
まるで自分の仔馬を丁寧に調教するかのように。

法句経380

心穏やかな日々の理由

ほかならぬ自分によって自分を励まし、
自分によって自分を諫《いさ》める。
そのように、自分によって自分を守り、
自分の内側を見つめていけば、
君はいつだって心穏やかな日々を送る。

法句経379

安易《イージー》な道を選ぶ人

恥を知らずに他人を困らせる人。
餌を食い散らかすカラスのように厚かましい人。
我を押し通そうとするジャイアンのように横暴な人。
心はちっぽけなのに、まるで王様のように偉そうにする人。
「何様のつもりですか？」と言いたくなるほど生意気な人。
かれらは、自分の心を向上させようとする難しい道のりを捨てた。
堕落しつつ苦しみを増やしてゆくという、
安易《イージー》な道を選んだのだから。

法句経244

114

困難《ハード》な道を選ぶ人

恥を知り、感情の暴走を抑制する人。
心の欲望・怒り・迷いという「三毒」を薄めようとする人。
執着《こだわり》をサラッと手放そうとしている人。
うっかり偉そうにしてしまいそうになる傲慢さを
ポイッと捨てようと努めている人。
苦しみのないスッキリした生活を日々送ろうとしている人。
そして、自分の心を観察する人。

かれらは自分の心とわたり合い、
苦しみを取り除いてゆこうとする大冒険の道をあえて選び取った。
それゆえその人生は、
困難《ハード》で挑戦しがいのあるものとなる。

法句経245

煩悩を焼き尽くす火を燃やせ

君よ、香《アロマ》を焚いて良い匂いを漂わせたり、
お祓《はら》いをしてもらったり、
護摩の火を焚いて儀式をしたら、
心が浄化されるなんて思い込まないように。
それは単なるうわべのことにすぎない。

君よ、私は護摩の火を焚いたりする代わりに、
心の内部に強烈な火を焚いて燃やす。
心の中に消えることなき火を焚いて、
いつも精神集中をしながら、
迷いなく煩悩を焼き尽くそうと努めている。

相応部経典

VIII

身体《からだ》を見つめる

116

このもろく壊れやすい身体という城

偉そうに「自我」だとか「人間様」だとか、思い上がっている君の身体《からだ》は、しょせん骨と腱を組み立てて、生肉と皮膚で表面を覆ってつくりあげた壊れやすい城にすぎない。

その血だらけの城の中には、刻一刻と細胞が老いてゆく老化現象と、細胞が死滅してゆく死亡現象と、自分を実際よりステキだと思い込むナルシシズムと、君が嘘をついて隠している寂しい秘密などなどが、ぎっしりひしめき合っている。

法句経150

これだけしかできない身体という城

外的には、歩く、立つ、坐る、寝る。

内的には、筋肉が伸びる、縮む。

君の、一見すると立派そうなこの身体《からだ》にできることは、究極的にはしょせんたったこれだけしかない。

経集193、194

身体の表面にこだわる愚かしさ

この身体《からだ》は骨と腱で組み立てられ、生肉と皮膚で覆われている。皮膚に覆い隠されているがゆえに、その内側はありのままに見られず、「肌がキレイ」「肌が荒れた」などと、君は表面にこだわったり、「髪が抜けた」「無駄毛がはえた」などと、無用なことに心を乱される。

その表面の内側に隠されているのは、単なる生肉にすぎないことをうっかり忘れて。

経集195、196

身体の内側を体感する

この皮膚に隠された内側に意識のセンサーを向けて瞑想対象とするならば、身体《からだ》には胃や腸がぐにょぐにょ詰まっていて、肝臓・膀胱・心臓・肺・腎臓・脾臓がうごめいているのが、はっきりと体感できる。

さらに身体の中に、水分として鼻水・唾液・汗・脂肪・血・関節液・胆汁・油がぐちゃぐちゃに分泌されていることがはっきりと体感される。

経集196、197

身体の現実を見る

皮膚に隠された内部をよく観察してみれば、決してきれいとはいえないこの身体《からだ》。体臭を放つこの身体を、私たち人間は、後生大事に守ろうとしがみついている。

いろんな汚物が体内には詰まっていて、うじゅるうじゅると内側を流れ、いろんな穴を通って排泄されていく。

皮膚の中にこんなにたっぷり汚物を隠し持っていながら、私は偉いとか美しいとばかりに生意気にも「あの人はダメだね」なんてケチをつけるなら君は、現実を直視する能力のない愚か者へとなり下がるだろう。

経集205〜207

身体の悪を静める

身体《からだ》がうずうず疼《うず》いて、よけいなことをしたくなるのを、気をつけて静める。身体の乱暴な動きをゆったり抑制する。

身体の悪。

たとえば生き物を殺すこと。物やアイディアを盗むこと。浮気をすること。アルコール依存症になること。

これら身体の悪を放り捨てて、身体を操作しポジティブな行いをするように。

法句経231

IX

自由になる

信じ込んではいけない10のケース

君よ、多くの人々が「自分の言うことは正しい。あいつの言うことは間違っている」と言うため、誰の言っていることが正しいのか、わからなくなることもあるだろう。

他人にだまされ洗脳されて自由を失わぬためには、次のように注意するといい。

❶うわさ話を聞かされても、実際に確かめるまでは信じ込まないこと。
❷「この国では昔からこうするものだから」などと伝統を持ち出されても、信じ込まないこと。
❸それが流行していて評判がよくても、信じ込まないこと。
❹聖典やお経や本に書いてあるからといって、信じ込まないこと。
❺実際に確かめていない憶測を聞かされても、信じ込まないこと。
❻いかにも正しそうに、「○○理論」や「○○主義」によるとされていても、

信じ込まないこと。

❼常識に合っていても、信じ込まないこと。

❽たまたま内容が自分の意見に合っていても、「私もそう思ってたんですよ」と安直に信じ込まないこと。

❾相手の服装が立派だったり職業がすばらしかったり態度がうやうやしくても、それらの見た目に惑わされて、信じ込まないこと。

❿相手が自分の先生だからといって、盲目的に信じ込まないこと。

増支部経典

気持ちよさへの依存から、苦しみが生まれる

ありとあらゆる苦しみは、何かに依存することを縁《きっかけ》にして生じる。

たとえば「好きな人に優しくしてもらうことの気持ちよさ」への依存症になると、少しでも優しくないと感じるたびに苦しみが生じ、相手との関係が険悪になる。

あるいは「仕事で目標を達成するうれしさ」への依存症になると、達成した瞬間の快感がサーッと引いたのち、空しさという苦しみが生じる。

依存症になる対象をつくる愚か者は取っかえひっかえ別のものに依存しては脳内麻薬を分泌し、自分から苦しみに近づいてゆく。

苦しみが生まれる元凶を見破ったなら、もはや依存症にかからぬよう、脳内麻薬の快楽から自由になるように。

経集728

スピリチュアルなものや人に依存しない

ストレスにおびやかされて心に落ちつきがなくなると、人は神様を信じてそれに依存しようとする。あるいはどこかの教祖様を信じ、あるいは守護霊を信じて拝み、あるいはスピリチュアルな木を拝み、それらにすがろうとする。

こういった「スピリチュアルな」ものに依存したり「スピリチュアルな」人に洗脳されたりすることで、現実から目をそらし、束の間の安心を得ようとする。

けれどもそれらは、安心できる拠りどころではない。

君がこれらに依存しても自由を奪われて洗脳されるだけで、ストレスを生み出す心の仕組みは変わらないのだから。

法句経188、189

心、この制御しにくきもの

心というしろものは、「やるぞ」と思いきや「やっぱり、やーめた」とすぐ動揺したり、「好き」かと思いきや「気のせいだったかもしれない」などと右往左往する。

「インターネットを使って時間を無駄づかいするのはもうやめよう」と思ったはずが、うっかり「あの情報はどうなっただろうか」と、結局は心が混乱して時間を浪費したりもするだろう。

心というやつは、すこぶるコントロールしにくい。

快感の麻薬を求める欲望に命令されるがままに引きずり回され、それゆえにこの心には自由がない。

自分の心を見張る意識のセンサーを鋭く光らせて、この快・不快に引きずり回される心をコントロールするように。

あたかも、矢をつくる職人が曲がった矢をまっすぐに美しくたたき直すかのごとく。

法句経33

不自由な君自身の心から自由になる

ネガティブな感情にとらわれるとき。

たとえば、「今まではたまたま何とかなっていたけれど、今度の仕事こそ失敗するのではないかしらん」などという不安に支配されるとき。

そんなとき、君の心は水から陸の上へ引きずり出されてピチピチともがきまわる魚のごとく、イヤな感情から逃れようとジタバタする。

ジタバタするせいで余計にイヤな感情に支配されてしまう不自由さの中に、君は投げ込まれている。

君の思いどおりに動いてくれず、勝手に動き回る心。
この心をつかまえるのは難しく、君の知らない間に君の心は、軽々しく「さっきとは違う考え」や「さっきとは違う感情」をつくり出しては、君を翻弄することだろう。

そんなヤクザな心を落ちつけて、コントロールすべく練習するように。
心をコントロールし、思いどおりに運転できるようになるなら、その自由さとともにゆったりとした安らぎが手に入る。

法句経34

快・不快の気分から自由になる

目に見えるもの、耳に聞こえるもの、鼻に匂うもの、舌に感じる味、身体《からだ》中で感じる身体感覚、心に触れる思考。

この六種類のデータが君に接触するときにボーッとしていると、君は知らず知らずのうちに「素敵な音だ」と快感を感じて音楽が心にすりこまれたり、「イヤなことを思い出した」と不快感を感じて気分が悪くなったりと、快・不快に支配されてしまうことになる。

快・不快の神経信号に支配されるなら、遺伝子に命令されるがままの運命に翻弄されて邪道へと転がり落ちてゆき、自由を失った奴隷になってしまう。

しかしながら、六種類のデータが君に接触する入り口を見張っておくならば、自動的に快・不快のデータ処理が進んでしまうのをストップできる。目耳鼻舌身意の六つの門にデータが接触するたびに心を防御《ガード》すれば、それらのデータに翻弄されなくなり、自由が君の手に残るだろう。

経集736、737

知識から自由になる

内面を見つめる力や集中力や落ちつきといった能力を高めるトレーニングをするかわりに知識を増やそうとするのは、愚か者の証。

哲学・政治学・経済学・心理学・文学・さまざまな言語なんかの知識をむやみに増やすことによって、記憶のメインメモリーは不必要な情報のノイズで埋め尽くされ、頭が混乱するだけ。

「せっかく学んだのだから他人にひけらかしたい」とか「せっかく学んだのだからこの知識を使ってみたい」などと、それらの知識への執着が生じるがゆえに、知らず知らずのうちに知識に支配される。

その知識のフィルターを通してしか物事を感じることができなくなり、いつの間にか不幸になってしまう。

頭を混濁させる小ざかしい知識のフィルターを離れて、ものごとをありのままに感じるように。

—

129

他人の賛否から自由になる

どれだけ風がビュービュー吹いても、
山はどっしり揺らぐことがない。
そんな山に学んでみるならば、
他人から「イヤな奴」と非難されても「素敵な人」とおだてられても、
そんな言葉はさらりと聞き流し、
心はどっしり揺らがず平静なまま。

非難されて苦しくなるなら心は暴走して自由を失い、
おだてられて調子に乗るならやはり心は乱れて自由を失う。
非難の風が吹こうとも山のごとく風を受け流すなら、
君の心はどこまでも自由となるだろう。

法句経81

快感と苦痛から自由になる

自らの内面の声に耳を澄ますための
意識のセンサーを研《みが》いているなら君は、
欲望のせいで苦しくなっていることに気づいて、
欲望をサラッと手放すだろう。
「それ、今しゃべらなくても、よさそうなのにね」
と思われかねないような自分語りを、
君が欲望のままにしたくなったとしよう。
その欲望ゆえに心身が不快になっていることに君が気づくなら、
くだらない無駄話をストップする奥ゆかしさが生まれるだろう。

「快楽が欲しい、苦痛はいやだ」
という欲望を捨てているなら、
君の心は落ち着いていられる。
誰かに優しくされて快感が生じても、
その快感に浮かれない。
誰かに冷たくあしらわれる苦痛を受けても、
その苦痛に落ちこまない。
こうして君の手には、
快感と苦痛に支配されなくなった自由が残るだろう。

法句経83

X

慈悲を習う

たとえ、君が過去に罪を犯した者であっても

君がかつて一千人もの人々を刀で斬り殺して
被害者の指を集めて糸に通し、首飾りをつくる殺人鬼だったとしよう。
そんな罪を犯した君も懸命に修行を重ね、
ついには悟りを開くこととなった。

そんな君が難産に苦しむ婦人を見て
「ああ、苦しんでいてかわいそうに」と同情心が湧いたなら、
その婦人に近づいてこう言うといい。
「私は生まれてよりこのかた、
わざと生き物を殺したことはただの一度もありません」

それが嘘になるならこう言うといい。
「私は悟って人生が変わってよりこのかた、
わざと生き物を殺したことは、ただの一度もありません。
この不殺生《ふせっしょう》の真実によって、
あなたとお腹の赤ちゃんが楽になり、安産となりますように」と。

中部経典『アングリマーラ経』

すべての生き物は、死にたくないと思っている

この世のすべての生き物は、ミジンコもバクテリアも、キリンもネコもイヌも、エビもアリンコも、餓鬼《ガキ》もインフルエンザウイルスも、人間もダンゴムシもムササビも、みんな、攻撃されるのを恐がっている。

すべての生き物は、死から逃れる生存本能に支配されてあがいている。

君もまた「死にたくない」という思いを胸の奥底に隠し持っている。

「実は他のすべての生き物も同じ思いを隠し持っているのだろうな」と、目を閉じて思いを馳せたなら、どんな生き物をもわざとは殺さず、そして殺させないように。

法句経129

他の生き物もまた、自分と同様、自分を愛しく思っていることを知る

私はかつて、「自分」よりも愛しいものを探して世界中を求め回ったけれども、「自分」より愛しいものはどこにも見つからなかった。

それは他者にとっても同じこと。

人も動物も細菌も、あらゆる生き物にとって「自分」がいちばん愛しいもの。生き物はみんな、ナルシスト。

ゆえに自分を愛しいと思うなら、他の生き物を傷つけないように。

小部経典『自説《ウダーナ》』

こういうもので商売をしてはいけない

次の五つのものを売って商売しないのが、君の身のためになるだろう。

剣やバクダンや戦闘機などの武器。

人。

動物を殺した肉。

酒。

毒や麻薬など中毒性のあるもの。

他の生き物を害する悪しき業《カルマ》を積み重ねることなき慈しみの心によって、

売り買いするものの種類を選ぶ。

増支部経典

すべての生き物は、安穏であれ

落ちつきなく動き回る生き物も、
落ちついて安らいでいる生き物も、
安穏であれ。
あるいは、巨大・大・中・小・微小までサイズの区別なく、
すべての生き物は、安穏であれ。

これまで見たことのある生き物も、
見たことのない生き物も、
可視・不可視の区別なく、安穏であれ。
すでに生を受けて老いた生き物も、
これから生まれようとする幼き生き物も、
あらゆる生き物は、安穏であれ。

経集146、147

— 136

あらゆる生き物に対する慈悲の心を練習すること

他人をだまさないように。
いついかなるときも、相手が誰であれ、
他人を軽んじることのないように。
怒りの思考に心をのっとられ、
互いに相手の苦しみを求めないように。

あたかも母が自分の子を「よしよし」と、
優しく抱きかかえ受けとめるかのごとく、
あらゆる生き物に対して、
どこまでも広がる慈悲の心を育てられるよう、
練習するように。

経集148、149

—

137

自分を取り巻くすべてに分け隔てなく、優しい念を送る

自分の上方に慈悲の念を向け、自分の下方に慈悲の念を向け、
自分の横、前後左右に慈悲の念を向け、
わだかまりなく、分け隔てなく、
恨みなく、敵意なく、
優しい念を送るよう、
練習するように。

経集150

眠っているとき以外は、
つねに慈悲の念を

立ち止まっているときも、
歩いているときも、
坐っているときも、
横になっていても、眠っていないかぎりは、
慈悲の念を保っていられるように。
これは、ブラフマー神と同じ境地。

XI

悟る

もう、生まれ変わらない

あの一生がやっと終わったかと思いきや、
またクルンと生まれ変わって、
今度はこの一生が始まる……
と繰り返すのはたいへんすぎる。

死んだら、身体《からだ》と神経と記憶と衝動《エネルギー》と意識という
五つのパーツがバラバラになる。
バラバラの部品をもう一度組み立てて、
この人生という家をつくり直す黒幕はいったい何者だろう？
私はその正体を見破れないままに、
何度も何度も生まれ変わってきた。

人生の黒幕よ、
おまえの正体は「欲しい欲しい、足りない足りない」と騒ぐ
生存本能なのだと私はもはや見破った。
おまえが生まれ変わりの建築材料に使う煩悩も無知も、
すべて破壊し尽くした。
私は次に死んだら二度と生まれ変わらないだろう。

私の心は、生まれ変わりを続けさせる衝動《エネルギー》を離れて
静まりかえり、
生存本能を滅してブッダとなったのだから。

法句経153、154

いかなる思想も哲学も捨てる

君よ、私には「私の考えは○○である」という思想などありはしない。
いかなる思想に執着《こだわり》を持ったとしても、執着からは苦しみが生じるから。

あらゆる考えとあらゆる思想には、心を乱す性質があると気づいて、私はいかなる考えをも、つかまない。
私は、哲学や思想を捨てて、坐禅瞑想し、内面の安らぎを見出したのだから。

経集837

小さな好き嫌いにとらわれただけで

君がちっぽけな好き嫌いにとらわれ、智慧を失えば、禅定《しゅうちゅう》の力は消える。
君が禅定《しゅうちゅう》の力を失ってソワソワし始めれば、クリアに見通す智慧は消える。
瞑想により禅定と智慧が生じれば、君は心の安らぎのすぐそばにいる。

法句経372

「今、この瞬間」に心を専念させる

過去を想い出して悲しむことなく、未来を空想してぼんやりもせず、ただ、「今、この瞬間」へと心が専念していれば、君の顔色は活き活きとして、ぱーっと晴れやかになる。

もしも君が、心をうっかりさせて、
「去年の夏は楽しかったのになあ」とか、
「来週はあの人に会えるかなあ」とか、
過去や未来という非現実《アンリアル》に心を溺れさせるなら、
やがて心も身体《からだ》もグッタリしてくる。
まるで刈り取られたあとにしなび始める草みたいに。

相応部経典

世界はすべて揺れ、移ろいゆく

この心がつくり出している目の前に広がる世界には、どこにも確かな拠りどころなど見つからない。

この世界のすべては微細なレベルで見れば振動し、揺れつづけて移ろいゆくもの。それらにすがることなどできやしない。

私はかつて、拠りどころを求め世界中を探求してみたけれども、グラグラ振動せず移ろいゆくことのない安らかなところなど、どこにも見つからなかった。

経集937

諸行無常《しょぎょうむじょう》

諸行無常、すなわち世のすべてはすぐに移ろいゆく。
これも過ぎ去る、あれもまた過ぎ去る、それもまた過ぎ去る。

物質と心を司るすべてのエネルギーは、微細なレベルで観察するなら、
一瞬たりとも安定することなく、崩壊しては新しく生成する。
これを猛烈なスピードで繰り返し、ぐらついている。
どこにもしがみつくことなどできはしない。

これを坐禅瞑想により
肚《はら》の底から衝撃《ショック》とともに体感するなら、
君は苦しみ《ストレス》から離れ、君の心は清まり安らぐだろう。

法句経277

諸法無我《しょほうむが》

諸法無我、すなわちすべてのものは、自分のものではない。
これも、あれも、それも。
あらゆる心理現象も物理現象も、そのすべては自分のものではない。
この身体《からだ》も、この感覚も、この記憶も、この好き嫌いも、
この意識も、この世界も、すべては自分のものではない。

これを坐禅瞑想により
肚《はら》の底から衝撃《ショック》とともに体感するなら、
君は苦しみ《ストレス》から離れ、君の心は清まり安らぐだろう。

法句経279

一切行苦《いっさいぎょうく》

一切行苦、すなわち、これも苦、あれも苦、それも苦。
物質と心を司るすべての衝動エネルギーは、
ことごとく苦しみでしかない。
楽しいと脳内錯覚させられていることすら実は苦しみなのなら、
あらゆるこだわりは意味がない。

これを、坐禅瞑想により
肚《はら》の底から衝撃《ショック》とともに体感するなら、
君は苦しみ《ストレス》から離れ、君の心は清まり安らぐだろう。

法句経278

苦しみは聖なる真理

苦しみは聖なる真理。
生まれるとき苦しくて泣き叫ぶ。
一瞬一瞬、細胞が崩壊してゆく、
老化現象も苦しみ。
いろんな不調《やまい》が体内でひそかに進行してゆくのも苦しみ。
やがて身体《からだ》が壊れる
死に直面するのも苦しみ。
生《しょう》・老・病・死すべて苦しみ。

長部経典『大念処経』

怨憎会苦《おんぞうえく》

生きているかぎり君は必ず、
いやな光景・いやな音・いやな香り・いやな味・いやな触覚と、
それから、いやな思考に襲いかかられそのつどに、
苦しみの神経刺激が生じる。
そのうえ、君を嫌う人々を必ずや君の業《カルマ》が呼びよせてきて、
かれらといっしょにいるそのたびに、苦しみに襲われる。
それが当たり前の真理。

長部経典『大念処経』

愛別離苦《あいべつりく》

「見たい」ときに見られず、
「聞きたい」ときに聞けず、
「嗅ぎたい」ときに嗅げず、
「味わいたい」ときに味わえず、
「触れたい」ときに触れられず、
「思い出したい」ときに思い出せず、
そのつど君の中には、
苦しみの神経刺激が走り抜ける。

長部経典『大念処経』

求不得苦《ぐふとくく》

手の届かないような高嶺《たかね》の花ほど、実際よりも美しく見え、欲望をかきたてるものはない。

手に入りそうもない、あり得そうもない「遠い何か」に憧れ追い求めるとき、君は苦しみの神経刺激にビリビリバリバリとさいなまれて、ドキドキドキドキと興奮する。


実現不可能な願望の代表例は四つ。

「生まれたくなんてなかったのに」

「老いたくない、ずっと美しくありたい」

「病気になんてかかりたくない」

「死にたくない」

そんな願望を持つたびに、苦しみが君の心身を痛めつける。

長部経典『大念処経』

五蘊盛苦《ごうんじょうく》

この身体《からだ》と、
快・不快を伝達する神経組織と、
過去を蓄える記憶システムと、
心身の電磁気エネルギーと、
情報インプット機能。
君をつくるこの五つの部品《パーツ》のどこを見ても、
すべてが苦しみに満ちあふれている。

長部経典『大念処経』

苦を生み出すカラクリ

君の身体《からだ》と心の中には無自覚の部分がある。
その闇の領域から無意識的な衝動エネルギーがこみ上げる。
その衝動によって、知らぬうちに意識が走り出す。
それによって、身体と心のネットワークが動き始める。
それによって、眼・耳・鼻・舌・身・意の六つの門から
次に何を感じるかが決まる。
それによって、無自覚的に感覚器官に情報がどんどん飛び込む。
その情報を処理して、快楽と不快という脳内信号が生じる。

快と不快に無自覚なことによって、
「快→欲望」「不快→怒り」という反応が生じる。
その反応に無自覚なことによって、
反応がパターン化して執着《こだわり》と化す。

自分の反応パターンに無自覚なことによって、
特定のパターンが君を支配して
「アイデンティティ」という幻覚をつくる。
そのかたくななエネルギーが新たな君を生み出し、
その君がまた老い、やがて死に、
ありとあらゆる苦しみを連鎖する。

長部経典『大念処経』

苦しみを消す聖なる真理

胸にぱっくり開いた、欠乏感のブラックホール、
すなわち渇愛《うずうず》を、
すみからすみまで消滅させると同時に、
苦しみはパッと消滅する。

長部経典『大念処経』

XII

死と向き合う

君にもいずれ、死が訪れる

君にもやがて身体《からだ》が崩壊し、死が訪れるときがくる。
その崩壊のときがくる前に、君に話しておくべきことがある。
「欲しい欲しい、足りない足りない」という欲望を手放して、安らぐこと。
過去から貯めこんできた記憶《おもいで》への執着《こだわり》を手放して、
軽やかに、今この瞬間をよけいなことを考えずに生き抜くこと。
そうすれば、すべてのことに「ま、いっか」と
心はすこぶるやわらかくなるだろう。

経集849

155

君が死んだら

夢の中、君のベッドの中にすてきな恋人がいて、
めくるめく恋の物語が展開してくれたとしても、
ぱっと目が覚めたなら、すてきな恋人にはもはや会えない。
「あなたのためにに料理をつくったの」などと聞いて
喜ぶこともももはやできずに、
布団の中でねぼけまなこをこすりつつ、
鳴りひびく目覚まし時計をストップさせて、
そろそろ仕事に行かねばならない。

この夢からの目覚めのごとくして、
君の大事な人たちとは、君が死んだら二度と会えない。

死ぬときに持って行ける唯一のもの

食べものもお金も貴金属も、いかなる所有物であっても、
君が死ぬときには、持って行けない。
君の召し使いも、従業員も、君のとりまきで君の影響下にある人々も、
君が死ぬときは、誰ひとり連れていけない。

死ぬときは、すべてを失う。

死ぬときに唯一この手に残るのは、
君がこの人生で行動してきた身体《からだ》の業《カルマ》と
話してきた言葉の業と
心の中で考えてきた思考の業、
たったそれだけ。

君はその報いだけを受け取り、
旅立ってゆく。
あたかも影が人につきまとうがごとく、
業は君を追いかけてゆく。

ゆえに、思考・言葉・身体を整えて、
未来に備えて善業を積むように。
善業は、未来の君にとっての、ただひとつの財産となる。

相応部経典

君よ、私《ブッダ》が死ぬのも自然なこと

君よ、私が死ぬのも自然なこと。
私も老い衰えて、ついに八十齢になった。
たとえば壊れかけた車が革バンドで補強して
かろうじて走っていられるように、
私の身体《からだ》は禅定《しゅうちゅう》の力で補強して、
かろうじて保っているのみ。

私の死は、間近に迫っている。
ゆえに君は私に依存したりなんかせず、
自らを灯《ともしび》とし、他の何にも依存せず突き進むように。
ただひたすら君の身体を見つめ、君の感覚を見つめ、君の心を見つめ、
心の法則を見つめながら。

私が死にゆくにあたって、君たちはこう嘆くかもしれない。
「われわれに先生はいなくなった。何て悲しいことだろう」と。

否。

私が君たちに伝えてきた法則と生き方の指南が
私の死後、君たちの先生となるだろう。

長部経典『大般涅槃経』

君もいずれ死ぬ

真空をもおしつぶす巨大な岩山が前後左右からおし迫ってくる。

君には、とても逃れようがない。

まさにそのように老いと死は、あらゆる生き物に、前後左右からおしつぶすようにおし迫る。

王様も僧侶も庶民も奴隷も奴隷以下に扱われる者も、誰であっても免除されることなく、老いと死に迫られ、おしつぶされる。

君が象に乗った軍隊で戦ったとしても、戦車隊や歩兵隊を率いて戦ったとしても、老いと死には勝てない。

策略を弄しても、お金にものを言わせても、老いと死に対しては勝ち目がない。


君は絶対確実に、死ぬ。

相応部経典

この世に永遠のものなど何ひとつなく

私はたしかに、もうすぐ死ぬ。
しかし君が悲しむことはない。嘆くこともない。
私はこれまで何度も説いてきた。
「どんな愛しい者からも、大好きな者からも、
百%の確率で、生きているうち、もしくは死ぬときに、
引き裂かれて別離し、すべては移ろいゆく」と。
いったん生まれたもの。存在するもの。つくられたもの。
それらはすべて壊れゆく定めにあり、
「壊れるな」という無理《わがまま》が通ることはありえない。
この世に永遠のものなど何ひとつなく、
私の命もまた永遠ならずして、もうすぐ私はそれをそっと手放す。
それはごくごく自然なこと。

長部経典『大般涅槃経』

遺言

すべてのものは一瞬一瞬、刻一刻と壊れて、
少しずつ消滅してゆく。
だから、君はほんの一瞬もムダにすることなく、
ダラダラすることなく、精進するように。

これがまもなく死にゆく私が、君に先生として残す、
最期の遺言となるだろう。

長部経典『大般涅槃経』

参考文献

小部経典…短いフレーズを集めたもの。
法句経（ダンマパダ）
『DHAMMAPADA』（PALI TEXT SOCIETY）
『The Dhammapada』（Oxford University Press S.Radhakrishnan 訳）
『南伝大蔵経』1～64（大蔵出版）
『ブッダの真理のことば 感興のことば』（岩波文庫・中村元訳）
『ブッダの福音』（サンガ・正田大観訳）
経集（スッタニパータ）
『SUTTA-NIPATA』（PALI TEXT SOCIETY）
『Sutta Nipata』（Kessinger Publishing・Mutu Coomara Swamy 訳）
『南伝大蔵経』1～64（大蔵出版）
『ブッダのことば』（岩波文庫・中村元訳）
『ブッダの福音』（サンガ・正田大観訳）

中部経典…わりと長めの本格派経典を集めたもの。修行に役立つ内容が多いです。
『The Middle Length Discourses of The Buddha』（Wisdom Publications・Bhikkhu Bodhi 訳）
『南伝大蔵経』1～64（大蔵出版）
『パーリ仏典第一期』（大蔵出版・片山一良訳）
『中部経典』1～4（春秋社・中村元監修）

長部経典…長くて重厚な経典を集めたもの。
『The Long Discourses of The Buddha』（Wisdom Publications·Bhikkhu Bodhi 訳）
『南伝大蔵経』1～64（大蔵出版）
『パーリ仏典第二期』（大蔵出版・片山一良訳）
『長部経典』1～3（春秋社・中村元監修）

相応部経典…テーマごとに言葉を集めたもの。
『The Connected Discourses of The Buddha』（Wisdom Publications・Bhikkhu Bodhi 訳）
『南伝大蔵経』1～64（大蔵出版）
『阿含経典』1～6（筑摩書房・増谷文雄訳）

増支部経典…「数字」をヒントに分類された言葉。
『南伝大蔵経』1～64（大蔵出版）

超訳ブッダの言葉　エッセンシャル版

発行日	2015年11月20日　第1刷 2025年4月20日　第4刷
Author	小池龍之介
Book Designer	カバー　廣田敬一（ニュートラルデザイン） 本文　山田知子（chichols）
Publication	株式会社ディスカヴァー・トゥエンティワン 〒102-0093 東京都千代田区平河町2-16-1 平河町森タワー11F TEL 03-3237-8321（代表） FAX 03-3237-8323 https://d21.co.jp/
Publisher	谷口奈緒美
Editor	大山聡子
Proofreader + DTP	朝日メディアインターナショナル株式会社
Printing	日経印刷株式会社